당신이 물 위에 뜨면

고방규 시집

을지출판공사

| 시인의 말 |

오랜 세월 동안 묻혀 있는
나의 삶에
깔려 있는 한 가닥 문학의 씨앗을 싹 틔울 수 있는
시간을 얻기 위해 먼 길을 돌아온 것 같습니다.

물처럼 맑은 시심(詩心)을 담을 그릇 하나하나 준비한 것도
고향을 떠난 지 어언 반평생이 지났습니다.
오늘도 마음속에는 고향의 향수가 흐르고 있습니다.
늘 그랬듯이 시작(詩作) 내용에 고향 향수가 많은 부분을
차지한 것도 이 때문입니다.

억새풀처럼 살아온 지난날들 마음 비워 놓고
파도 헤치며 운무를 가르고 먼 바다의
햇살이 숨쉬는 곳으로……

바람 부는 강가에 흔들리는 풀잎에도
들국화 향기 속에도 문학을 꿈꾸던 소년 시절
바위틈에서 솟아나는 맑은 물처럼 미미하지만
우리 몸에 꼭 필요한 미네랄처럼 나의 시작(詩作)을 통해
다시 찾고 싶어 하는 마음 양식이 되겠습니다.

첫 시집을 발간한 지 15년 만에
『당신이 물 위에 뜨면』을 상재하게 되었습니다.
작품 해설을 해 주신 권오운 선생님과
책을 꾸며 준 을지출판공사 김효열 대표님께 감사드립니다.
그리고 항상 말없이 용기를 주는 사랑하는 부인과
가족에게 감사함을 전합니다.

2020년 12월에

고 방 규

차례

제 1 부 추억은 지금도

제 2 부 초록 고운 얼굴

Contents

제 3 부　처서 지나는 날

Contents

제 4 부 그대 있음에

Contents

제 5 부 지나간 시간

제 1 부

추억은 지금도

그대와 비지땀 흘리던 어느 산골
유실나무 밑에서 마음 의지하며
파란하늘 바라보던 그 시절
이제 자고 깨면 제일 먼저 그대가 생각납니다

파도
—동해안에서

태고의 숨결 쉬지도 않고
때로는 붉은 태양 잉태하며

가슴 시리게 달려와 품에 안긴 너의 모습
꽉 막혔던 속 뚫어지는 소리
그리도 시원하다

망망대해 고독하게 지켜 온 세월
긴 여행 밀리고 밀려오는 여정

힘겨워 부딪치고
퍼렇게 멍들어 부서져
또 뭉치고 일어서는 투지 장하다

이렇게 시원한 너의 얼굴 바라보니
백사장 함께 일어나 춤추고
목타게 기다리던 시원함

그대는 세월의 주름살 싣고 와
홀로 서 있는 그림자를
지우고 가겠지.

2005. 3.

추억은 지금도

그대 그리는 마음
가을 햇살처럼 사랑은 익어 가고
가을 하늘처럼 넉넉한 당신
사랑하는 사람에겐 길이 열립니다

불빛처럼 쏟아지는 별빛
숨죽일 듯 강렬하던 열정도 처서를 못 이겨
조용히 창문 비집고 들어오는
모습은 풀이 죽은 듯합니다

가을바람처럼 차갑게 느끼기도 합니다
유달리 긴 여름 소낙비 한 번이라도
한 번쯤 목타게 기다리던 그날

그대와 비지땀 흘리던 어느 산골
유실나무 밑에서 마음 의지하며
파란하늘 바라보던 그 시절
이제 자고 깨면 제일 먼저 그대가 생각납니다

그대 사랑은 반추와 같아
추억의 이름이 지나간 시간들 되새기게 합니다
가끔 당신의 그리움 꺼내어 바라봅니다
청아한 푸른색 하늘 눈 뜰 때도
그대 그리움 반추합니다

찬 서리 내리는 들녘
곱게 저녁연기 떠올라도 그대가 반추됩니다
봄 여름 가을 거친 바람결의 시련이
꽃을 피우기 위해 후려치는 것이
이유이듯

어려움과 아픔이
행복 만드는 몸인 듯
사랑은 언제나 내 곁에 눈웃음 치며
눈빛으로 사랑 붙잡고
눈빛으로 사랑 놓는 것
사랑은 사랑일 수밖에.

2006. 2. 17

해돋이
–호미곶

밤샘
흐린 달빛만 힘겹게 밀고 간
호미곶
새 천년이 떠오르는 수평선
하늘이 맞닿은 곳
내 가슴 통째로 뚫어 주는 동해 바다
그 파도 소리

용궁에서 보내온 선물인가
청정 옥 구슬 같은 밝은 얼굴로
나락에 떨어지는 마음까지 받아 주는
그 파도 소리

눈부신 얼굴로 온 누리에
그 모습 내밀면
흔들리는 망망한 파도 위에
삶을 짊어진 어부의 어깨에

깊게 던져진 그물
한 해의 꿈 건지고 있다

용광로보다 진한 뜨거운 가슴속에
새로운 세상 여는 삶이
저만치 희망이 솟아오르는
그 파도 소리에 싣고.

2000. 1. 1

연잎

불볕더위
무더운 날 유혹 손길 외면하고
말없이 떠 있는 모습
세상에 넓은 마음 같아

은방울 옥 구슬 굴리우는 방석처럼
시원한 몸 내음 보내오며
맑은 물
한가로이 흔들거리는 그 모습 아래
고기 친구 찾아와 지붕 삼아 놀다 갑니다

진흙 속
잎 따라 올라온 심오(深奧)한 그 얼굴
밝은 마음에
업장 소멸 짓는
꽃잎세상 왕생극락

장수한 몸 모두를 위해
삼라만상 등에 업고

일주문 들어설 때 스님의 염불소리
고운 미소로 흐르고
혹시나
지은 번뇌 사라질까
연꽃 속에 빈 마음 던져 본다.

2005. 3. 5

허무

그 마음 아픔이
갈 곳 없어
떨어지는 가랑잎
가칠한 피부에
허물 벗는 고통으로
마음까지
파고드는 외로운 섬 닮아

누가 마음으로 살아온 지상 위에
찬바람 스쳐 가는
상처에 향기 없는 꽃처럼
핏빛 비치는 그림자 잡으니

허무하게 아픔 소독하는
그이는 감각 없어
햇빛만 쏘이고
뿌리내리지 못하는 슬픈 상처

고통 위에 여정으로 쌓여 온
흔적만이 싱싱하게 실리고
늦은 국화처럼 피고 있으리.

2007. 11. 8

장미

날카로운 창으로
무섭게
보호장벽 만들고
불볕 뜨거운 복더위 온몸에 안으며

왕관처럼 황홀한
아름다움 드러내는 매력적인 그 도도함
피 토하듯

정열적인 인연 피우기 위해
찢기우는 핏자국 그림들을 만들고

그처럼
깊은 마음속에 남몰래
삭여야 하는 속마음에
가시처럼 날카로운
아픈 사연이 있나 봅니다.

기행

나에게도
이야기할 수 있는 시간이 있다는 게
얼마나 다행한 일이냐
나 몰래 주는 선물
진줏빛 나는 길 걸을 때입니다

햇빛에 나는 향기
자연을 잉태하는 호수에
계절이 주춤거리는
나의 추억이 일렁입니다

저 바다에 안기는 것들이
사라진 것들이 함께 보입니다

떠오를 햇볕을 맞는
외로운 섬들은
안개 이슬 팔 벌려 안아 봅니다

빛 아래 푸른 꿈들이 모여 삽니다.

민들레

혹독한 서릿발 아래
등 시린 바람 소리 마시며
그대는 길가에 뒹굴고
돌멩이 그림자처럼
잊어버린 허섭스레기
누가 봐주지 않았지만
노란 그 얼굴에 수줍은 미소 머금고

지나가는 세월 속에
천만 번 밟혀도
참아 내는 인동초 같은 너의 모습
이따금 지나는 남풍 찾아와
지난 이야기 들려줘
올해는
모진 가뭄 밀려온다 전해 오고
실바람 소리에 살며시 고개 들어
밤안개처럼 떠오르는 정!

새 아침
영롱한 햇살 한 아름 안은 채
어미 마음 부드러운 손길로
은빛 감로수 한 줌 먹으며
나의 한(恨)
꽃피워 오르고
이제는
조용히 속살 드러낸다.

* 걷고 있는 인생처럼 길가 민들레 그렇게 밟혀도 꽃은 피고……

2002. 3. 15

노을 진 마산만(馬山灣)

학당 아래 가슴이 뻥 뚫리는 마산만
눈앞 바라뵈는
연분홍빛 띄고
석양노을 머금는
하늘처럼 잔잔한 호수 닮아

점만 한 배 여기저기 모여
해원의 잔디 위에 앉아 있다

저 멀리 산 피어오르는 운무 내려앉는
흐린 안개처럼
산허리 휘어 안고
바다 건너 손짓에 움직이는
봉우리들
속사정 감추고 머리만 보여

빌딩 숲 사이 달리는
차들 꼬리 물고 광대
반딧불 같은 오색 전등 아래

별빛들이 쏟아진다
마산만은 풍요로움 잉태한다

억지 쓰며 한풀이 하얗게 밤새운 만학들
팔용산 정기 힘 모아 바다 너머로…….

* 창신대학에서 바라보는 마산만 노을

2002. 4. 18

어느 날

첫눈이 내리는 어느 날 오후
항구에 돌아와 풀어놓은 불빛 아래
지쳐 오는 심신을
당신 어깨에 살포시 기대는 휴식
차갑게 얼었던 손 몰래 잡아 녹여 주는
당신의 포근한 사랑

아랫목에 묻어 두었던 따끈한 밥 어루만지듯
살며시 마주보며 이불 속 발가락 맞춰 가며
화롯가에 익어 가던 고구마 맛 같은 향수
당신의 청순한 사랑

그리운 얼굴
밤샘 호롱불 아래 마주보며 추억을 노래하고
고드름 한 아름 가방에 넣어
시원한 여름 만들자며
하얗게 눈 내린 정원 바라보며 다정히 다가오던
당신의 부드러운 사랑

맷돌 위 나란히 놓인 두 신발 햇살이 살며시 엿보며
한 편의 애절한 사랑의 시 남길
그대 붉은 석류 알에 입맞춤이
입 안 가득 고인 신맛 삼키니 반짝이는 석류 알처럼
당신의 보석 같은 사랑.

2005. 8. 11

겨울 설악

대한아!
왜소한 사양 한쪽 다리까지 먹어 버린 폭설
동서로 가르는 험준한
길모퉁이는
숨찬 고갯길 말문까지 닫게 하고
살을 깎는 동해강풍
추위에 골이 난 짐승들도 다투어 고개 넘는다

이름 모를 계곡
휴식의 이름으로 보금자리 찾아도
산들은 포근히 안아 주고
눈 덮인 계곡 세월 앞에
바위틈 사이 새로이 물 스미니

묵직한 바위들 말없이 둘러 앉아
손수 수 놓았던 산하에
때가 되면 사이사이
꽃망울 터져 피어나겠지

달빛에 실려 오는 애절한 사연 속에
계곡 누군가 혼자 있고파 찾는 이 있어
사랑하는 사람 남겨 두고
떠나고 싶은 마음
눈 위에 마음까지 새기며

등뒤로 걸어온 흔적만 외로이 남긴
설악!

청자

묻혀 있던 천년의 비경(秘境)
청자의 비법이여!
마음에 있는 것

누구에게 주는 것도 아니고
누가
받을 것도 아니다
준다고 주는 것도 아니고
받는다고 받을 수도 없는 비법

불태운 천삼백도
천대받던 도공들의 시절
마음과 그 몸뚱이가 비법인 걸
몸을 태워 보고
해를 씹어 보고 날씨를 씹어 보고
흙을 씹어 보고 맛을 인지하는
어찌 줄 수 있고 어찌 받을 수 있단 말인가

한(恨) 서린 마음
자신과 신(神)과 싸워 느껴 이긴 비법

"천년의 비법"
몸을 태워 만들고
혼을 불태워 만들어지는 것
도공들의 한을 불러 다오
이 땅에,
한 맺혀 한이 만들어 낸
청자 비색(青磁翡色)
한 생명을 바꾸어
그
한이 천년을 빛내니
우리 자랑 우리 보배 아닌가.

2006. 2. 1

바람
–IMF

IMF
감원이라는 바람 불고 지나간다
어제 그 아픔 안은 채 말없이 흘러
한 점 티 없이 그렇게 맑은 얼굴들
내일의 추억 남긴 채
순간 바람결에 날려 갔다

30년 벼랑 끝 가파른 바위 길 바람 등 메고
모진 인내 한평생 버티며 몸부림쳤건만
설한풍에 작은 철새 무리처럼
살갗 찢는 아픔 곰삭이며 그리움에 떨던 시간도
잔잔한 호수처럼 웃던 그 얼굴도
순간 바람결에 날려 갔다

한 치 앞길 예측할 수 없는 힘들게 하는 마음 끝자락
산목숨 아닌 목숨 걸치고 내 영혼 속에
묵묵히 안개 속에 빠진 새벽 길 도망치듯
무슨 질긴 희망 있기에 소망하는 가슴앓이로

실낱같이 이어 왔던 희망마저
순간 바람결에 날려 갔다

땀방울로 끈 이어도 사무친 그리움으로
내색은 어두운 곳에만 숨겨 놓은 채
새싹이 돌 바닥 뚫고 오르는 강한 새싹처럼
끈질기게 버티어 온 지난 삶도
순간 바람결에 날려 갔다

오지 않는 희망을 행여 오는 것처럼 바라보며
가식에 얽매여 태양 안고 돌아서는 모습
절벽에 튕겨 나온 뿌리 붙들고 휘청거리며
앞길 살필 결 없이
바람결에 고통 속으로 날려간 영혼들을 아파하고
새로운 희망 찾아 미지의 숲으로
첫발 내딛는 삶의 마당.

* 모진 인내 감내하며 꿈이 아닌 현실 속에

2004. 1. 1

가을 · 2

갈바람은 하늘을 연다
각색의 색깔 그리며
산하에
물감 치르는 여백을 만든다

바람은 속내를 품고
황금 들녘 바라보며 계산한다
고개 숙인 이삭 보며

알곡 쌓인 창고
춤추는 아비의 마음이 담겨 있다

세월 탓도
어찌 땀방울도
탓하지 않는 아비였다
바보처럼 현실을 받아들이고 있다

세월은
소리 없이 꿈꾸는 길 내어 주고 있다.

제 2 부

초록 고운 얼굴

당신 품속에 포옹해 줄 사랑이
살며시 다가와 아카시아 향기 들려주고
당신의 기다림이
사랑도 평화를 누리게 하지요

5월의 들녘

–수입 밀가루

쌀값 애써 서성이다
바닥에 떨어져 보이지 않고
밀가루 값 솟아 쳐다보이는데

장렬히
내리쏟는 5월의 태양 아래
하늘거리며 춤추는
푸른 잎들

농부의 손길이 수없이
어둠에도 어루만지며 바닥 논 기며
땀방울 비벼 대던 흙내음

지친 도랑물 소리
물고 아래
소리 죽여 흐르고
혹시나
목 타게 바라는 쌀값 농부의 마음은 물안개 되고

남몰래 훔쳐 내는 한숨
논두렁 너머로 버리고

혼잣말 푸념처럼
힘없이 풍년은 올 거야.

잃어버린 30년
–놓아 버린 자식의 손

어떤 만남이여
헤어진 30년 된 자식을 만나기 위해
비 오는 날이나
눈 오는 날이나
갖은 천대와 굴욕 참으며 삶의 굶주림 속에
하늘을 이불 삼아
땅을 베개 삼아 헤매이던 세월
다리 밑이 유일한 안식처가 되기도 하고

나의 삶을 허공의
끝자락에 걸어 놓고 별 헤이던 밤
굶주린 허기 채우기 위해
별빛 쓸어 모아 먹고 살던 시간들
가슴에 한 안고 무덤까지 가야 할 일

그때 그 기억
아들 손목 놓았던 그 시간
찢어질 가슴마저 없던 가슴 찢어지고

가슴에 품었던 아들이기에
그나마도 모진 세월 먹고 있었다

핏줄 찾기 위해 평생 아닌
평생을 송두리째 바쳤던
어느 아버지
그때 그 죄 씻고 있는 서러움이었다
이제 치유하긴 너무 늦은 아픈 긴 삶……
허무한 세월 앞에서 잃고 얻는 것
구빈마음 채울 수 있는 정신적 양식은
그리운 아들이다.

2006. 6. 18

잡초 · 1

농부는
무성히 자란 풀밭 어귀에 힘없이 앉아
긴 한숨 쉰다
농사 망쳤다며

썩어 문드러지는
마음 기둥 간신히 잡는다
벌벌 떠는 잡초
떨리는 소리가 뿌리까지 들린다

억센 손에 무지막지하게
뽑혀 나간다
찢겨질 듯 울부짖는 잡초
곁눈질로 태어난 곳 슬픈 채
바라보고 있다

무지(無知)해서 그러지
동의보감에는 인삼보다
더 좋은 약초라 한다

언젠가는 한 번쯤
귀한 대접으로 살아봤으면
힘없이 푸념을 한다.

당신의 사랑

진정
당신 깊이 흐르는 마음 보았어요
가슴 뭉클한 내면의 마음 부서지는 소리
숨 막히도록 따뜻한 당신의 눈길
힘없이 홀로 삼킨 눈물도
당신이 힘들다는 말도 꽃잎처럼 그리워

진정
당신의 깊어 가는 사랑 느꼈어요
가슴 저리고 숨 메이는 파도 위에
마음 하고 싶어 했어도 그리움만 가슴에 묻고
당신 속상할까 봐 그랬지 은은히 스쳐 가는 맥박
숨 막히는 그리움의 절규였어요

진정
당신의 순수함 보았어요
나의 마음 황량한 들녘에도
이제 행복이 넘치는 호수처럼
티 없이 밝은 당신의 사랑

눈물이야 없을 수 있으리오마는
조용한 당신의 세계 보았어요

진정
당신의 맑고 귀한 여린 모습 보았어요
가슴의 고동 소리 퉁기는 철새 무리처럼
속앓이하는 당신 위해 향기 아파하면서도
우리 사랑 쓰러지지 않도록 튼튼히 뿌리내려
넘치는 샘물처럼
당신의 사랑 보았어요.

2005. 5. 7

초록 고운 얼굴

초록 고운 얼굴
잎새에 이는 바람에도
이슬비 내리는 소리 듣고
당신의 떨림으로
풀잎들 노래 부르지요

당신 품속에 포옹해 줄 사랑이
살며시 다가와 아카시아 향기 들려주고
당신의 기다림이
사랑도 평화를 누리게 하지요

서로 마주앉아 바라보며
웃음지게 하고 또 웃고
차가웠던 가슴 따뜻해지기까지
당신의 기다림이 행복하지요

당신에 대한 그리움으로 뭉쳐진 꿈이
잘게 부서져 뿌려질 때
향기로 돌아와

당신의 애절한 여린 입김이
가슴에 담아 오래도록
당신의 그리움 안에 쉬지요.

2005. 10. 13

꿈같은 정원

무학산 기슭
청아한 달빛 쌓인 보금자리
빈
가슴 채우는 뻐꾸기 소리
고요함만이 애절한 메아리로 일깨워
산장을 휘감아 도는 도랑물 소리
초록 내음 전해 주며
다정히 속삭이듯 흐르고

금방이라도 손 닿을 것 같은 곳
천사 같은 양 떼 운무 내려와
뛰노는 것 같은 정원

새소리 바람 달려와
기웃거리는 아늑한 정원

처마 자락에
매달려 있는 한 포기 그림 속에

가끔씩 자작나무숲 사이로
다정히 손 내미는 실바람

정원 따라 눈 돌리면
아득히 임 보여.

두고 온 그리움

–화자

몸
체온
그대 체온까지 내게 남기고 간
잔인한 사랑
나에게 전율이 전해지고 있어
사랑할 수밖에 없었던 사랑

정말 사랑은 아름다운 것인가?

그리운 마음
오래 참으면 꽃이 되리라
별이 되면
창문 바라보는 그리운 그대의 모습이
유난히 밝다

철새가
휘몰고 간 하늘 저 끝에는
보고픈 마음 자꾸만 피어나는데

바람에 실려온 꿈 조각들 웃고 있겠지

봄꽃은 지천으로 흐드러져 있는데
하늘은 푸르고
내 마음은 하얀 구름입니다.

2011. 4. 4

마음 단속
–계절병

가을!
마음 단속 잘해야 하는 가을
계절병이 유난히도 심했던 지난해
세월 언덕에 기대어 바라보는
허공 자락에 매달려 있습니다

맴돌며
삶의 명줄 움켜쥐고
가슴에 안은 채
달빛에 젖어 노래했지요

행복 그리움이 무엇인지
보이지 않는 생명 줄 가슴 아프게
연민의 정 얽힌 마음 사로잡아요

실 같은 정 매달려 있는 미련 때문에
하얗게 새운 밤 창가에 기대면
떨어지는 그 숨소리

발등이 깨지도록
아픔이었건만
비껴 가는 계절병

가을이 이다지
기약 없이 떨어지는 낙엽처럼
쓸쓸히 느낍니다.

2006. 10. 19

민들레 방

잔디밭 한켠에 긴 기둥 하나 들고
허옇게 핀 꽃
송이송이 뭉쳐 하얗게 만든 둥근 방
긴 서까래 짧은 서까래 서로서로
부둥켜안고 그 속에
다정다정 이야기한다

세상 구경 못한 이야기
엄마가 들려주던 이야기
햇살 찾아와 창 너머로 미소 지으며
가만히 이야기 듣고 있다
바다가 그립다 초원이 그립다

우리는
먼 여행 해야만 해
준비하는 놈
가지 않겠다고 응석 부리는 놈
순간순간 손 꼭 잡고 아쉬워하는 놈
가슴 꼭 안아 본다

햇볕이 내리쬐는 정오인데도
불평 한마디 없다
센 바람이 불어와도 잘 견디어 왔다
산 너머에는
강한 바람이 온다고 소식들이 자자하다

엄마 기둥은 들은 척도 하지 않는다.

2002. 6. 27

보내는 마음

이제는
떠나야 한다고
마음 몇 번이고 다짐했을 때
그대는 내 마음 송두리째 휘감고 있었다

시월의 잔인한 사랑처럼
모질게 뿌리쳐도 끈 놓지 못하는 이유
떨리고 있는 내 가슴에 아직도 그대 사랑이
떠난다 하는 게 마음 내 곁에 있음이야

멀어져야 한다는 마음이
왠지 내 곁을 떠나지 못하는 것은
정녕 떠난다는 게 아니었지

사랑을 잊는다 한들……
생각하는 마음 모퉁이에 사랑이 있음이야

떠난다고 떠나는 건 몸뿐이야
지금도

마음 그곳에
어둠 속에 흐르는 사랑이.

2005. 11. 20

산장에 들어

처마 끝
종일 매달려 있는 연기처럼 사라질
멀리 보이는 한 폭 흰구름

산허리 휘감아
심연의 계곡 붙잡아
산장을 그리움으로 안은 채
돌아가는 세찬 하얀 물보라 소리는
쉬어 가는 나그네 발목 잡는다

깃털처럼 얽힌 흰구름 사이로 달아오르는 빛
눈썹 닮은 초승 달빛 흐르고
애끓게 찾는 사랑노래
애절하게 들려오는 소쩍새 울음소리

아픔 말하지 않아도 밤은 깊어 가고
바람 보이지 않아도 하늘가에 수놓는다
초록 위에 흔들리는 산울림 따라

문틈 사이로 내려온 달빛
시름에 잠긴 나그네 달랜다

산장에
무수히 쏟아져 스러져 있는 은하수
주춤거리는 그대 그리움에 희망의 돌담 쌓아
텃밭에 설익은 마음이나마 묻어 봅니다.

2002. 7. 18

시골 길

나지막한 울타리 사이로 서로의 얼굴을
바라보았던 시골 길
웃음소리 넘치며 정다움이 흐르던 좁다란 골목길에도

언제부터인가 새 이름으로 단장되어 가고
무거운 침묵이
바닥에 주저앉아 있다
하나 둘 소리 없이 무너져 가는 울타리
시멘트 블록 올라가고
기쁨과 슬픔 같이한 어린 시절 낯익은 얼굴들도
하나 둘 보이지 않고
슬픈 동화 속으로 사라져 가고 있다

이른 아침부터 마주보며 막걸리처럼
텁텁한 인정들 흐르던 시골 길도
이제는 바람만이 허우적거리며
지친 듯 지나가고 있다
가끔씩 저 멀리 봉고차 채소 나부랭이 싣고
세상 함께 살자는데 함께 살자는데……

외침소리만 들릴 뿐
고요함만이 흐르는 시골 길
주인 잃은 정겨운 빈집들이 하나 둘 눈에 들어오고
겨우 지팡이에 의지한
나이 든 어른들이 힘없는 모습으로
처마 밑 담장밑에
햇볕 쪼이는 모습이 왠지 낯설게 보인다

서로 얼굴 보며 미소 짓던 길
알 수 없는 어둠의 미로(迷路) 속으로
길 헤매이는 나그네 닮아 간다
지금도 황톳길 토담에 걸쳐 있는 옛 그 웃음소리
귓가에 들려…….

2005. 4. 23

섬

억센 파도 때 없이 찾아와
억센 힘으로 바위 마구 때리고 혼내
섬어머니처럼

외로운 세월에 기대며
객지 떠난 자식 생각
얼굴엔 세월의 훈장으로 떡칠한 채
뜨거운 태양 아래 자식처럼 키워 온 고구마를
못생긴 것 어머니 먹고

꼬깃꼬깃 챙겨 뭍에 나간 자식 생각
보자기 하나에 알 수 없는 문자로 표시
꼬리표 달고

해맑은 얼굴 천진한 웃음 속에
감추어진 깊은 그 미소
보는 이의 마음 찡합니다
자식이야 어찌 부모님 마음 알겠느냐마는

파도 때리는 오늘밤도
물에 나간 자식 생각합니다

먼 데 있는 형제보다 가까운 이웃에 의지하고
먼 수평선만 바라봐.

2007. 3. 15

구두 소리

이른 새벽 어두움 가르며
바쁜 걸음걸이
한 여인의
하이힐 소리

어슴푸레한
골목길 깨우고 있다
밤샘 일에 지친 모양

온몸 힐에 의지한 듯
아스팔트 갉아먹는 소리
힘들었던 시간들이 엿보여

무겁게 들리는 발자국 소리
설레이도록
마음에 와 닿아.

2005. 7. 24

제 **3** 부

처서 지나는 날

구름처럼 냉정하게
못 본 체 지나가는 여름인데
그리워하던 정 남아 있지 못해
노을만 디딤돌로 바라보고 있습니다.

황금메주
–누런 콩

알알이 둥근
황금빛 얼굴들
이른 봄부터 비바람 견디며
불 같은 태양 이고 넘어온 한 고개

불꽃 타는 아궁
밤샘 만들어 놓은 주름진 그 얼굴

밝은 날 바라보니
우주에서 온 이티처럼 치장돼
정 깊은 곳에 크게 내세울 순 없지만

묵묵 말없이 돌아앉은 마음속에
신비한 영양 들어 있대

세월 가면 믿음직스런 얼굴
마음에 담은 우리의 높은 자랑이

천 년을 이어 오고
영원히 이어 갈 우리만의
보배인 영양 건강이래.

2008. 11. 30

은행 잎

자태 부리며 떨어지는 샛노란 잎
너무 고와
바라보던 추억 길 위에
하나 둘 소리 없이 떨어지는
나지막한 언덕길

걸어 올라
한적한 샛길 접어들 때
산기슭 아래
그 옛날
무릎 대고 그대와 명상하던
막다른 길
등 대고 푸른 하늘
수놓은 한 송이 흰 구름 생각하니
오랜 그대 얼굴 떠올립니다

그리움 담으려고
남몰래 찾아와
샛노란 얼굴 그리며

그 사랑 보내온
그 눈길 있어 끌고 있습니다

내
작은 가슴에도
이렇게 사랑이 파고들어
황폐하고 거칠었던
마음에 그리운 꽃밭이 되어
아름다운 화천(花川)으로 변하게 되는 것 같아
그대 바라봅니다.

2006. 1. 31

가을

나비처럼 날으는 낙엽 주우며
한 가닥 서늘한 바람에 기대어
쉴 만한가 했더니
그늘 찾던 계절은 멀어져 갑니다

한 번쯤 살갗 문지르는 곱스런
하늬바람만 스쳐 갑니다
황금 들녘에 말없이 곱게 내리는 햇살만이
변하지 않습니다

길 잃은 바람만 말없이 당당히 나부낍니다
일년 내내 흘린 땀 차곡차곡 쌓아 올린 탑
결실을 마음에 담아 둡니다

힘든 여름 아픈 사연들이 녹아내리는
시간입니다
빨갛게 익어 가는 감나무 저쪽
또 저만큼 가을은 멀어져 갑니다.

전어

마비(馬肥)의 가을
끝자락
가을 가지 잡고 아쉽던 차

서울 동쪽 끝
강동구 고덕동 어느 횟집
은빛 자랑하는 물의 갈채
도마 위 두 눈 부릅뜬 전어

뒤로 걸어가도 힘이 솟는다는
전어의 힘

마산포구에서
올라온 것이라 한다
오색
오미 중
하나의 혀끝으로 전해져.

처서 지나는 날

햇살
창문 여니
햇살은 내 곁에 와 있고
불빛같이 쏟아지는 햇살도 숨 죽입니다

창문 비집고 들어오는
바람만이 차갑게 느껴집니다
유달리 긴 여름이었던
서러움까지 복받치는 뜨거운 여름이었습니다
소낙비라도 한 번쯤 지나갔으면 하는
가슴 타던 날이었습니다

여름이
나의 모든 것을
쓸어간 것 같았던 삶입니다
이제 와선 서늘함마저 별 음미가 없습니다
느껴 본 시원한 바람도 따가운 햇빛도
이젠 반갑지 않습니다

마음 한구석에는 허탈감만이 맴돌고 있습니다
이제 와서 소낙비가 무슨 소용 있겠냐마는
구름처럼 냉정하게
못 본 체 지나가는 여름인데
그리워하던 정 남아 있지 못해
노을만 디딤돌로 바라보고 있습니다.

당신이 물 위에 뜨면

버리고 가야 하는 삶인데
버리지 못해 무언가
짊어지고 가는 삶
잊어야 한다며
잊지 못하는 삶이라
한참 잊고 가노라 했는데

수면 위에 떠
두고 온 고향의 향수처럼
잊었다 했는데
잊은 게 아니었어

별이 보이지 않아도
그곳에 있듯
소설 속에 그려지는 임은
가슴에 있나 봐
지우지 못해, 마음 한켠에
수평선 바라보며 그렸나 봐
그 임을-.

2007. 1. 16

당신

언제부터인가
가슴 따뜻하게 속정이 들었습니다
단
내일 하루가 내겐 마지막일지라도
당신만 가슴에 두고 싶습니다

시린 손 잡아 주던 당신의 희미한 그 모습
짓눌린 어깨 깊은 회오리바람
봄볕 한줌 한줌 먹고 헛기침하듯
추억 속으로 사라진 흔적들
이제는 세월의 흔적 얼굴 곳곳에 새겨져 있습니다

함께 내 인생 여기까지 온 시간들
그 동안 흘린 눈물들을
바람창고에 함께 담아 둔 기억이 납니다

한 머리 훈장처럼 이고 지친 황혼 길 밟고 있지만
오늘도 행복하다 말하리.

고향 정자

언덕바지
내려다보이는
푸른 산 빙 둘러안고 아지랑이 다정히
소곤거리는 삶의 그루 터
도랑물 소리 들리는 고향 마을
정자나무 아래

풍월 하시던 아버지
둥지 삼고 산새처럼 날개 짓던 보금자리

세월 앞에 선 강산
냇물처럼 흐른 지금 고향에는
강산은 옛 모습 그대로 얼굴들만 바뀌 가

흙과 어울려 콩밭 매던 어머니
도우려 가면 철없는
우리에게 칭찬을 아끼지 않으셨던 추억

불러도 들릴 것 같고
손 내밀면 닿을 것 같은 고향
몸은 언제나 타향에……
오늘도 마음만은 여과되지 않은 채
눈부신 얼굴 무시로 가고파.

정

정
왠지 늙지도 않아
흐르는 시간 속에는 인생도 흐르건만
흰머리 힘없이 날리며
세월 먹는 몸인데도
그 정자 아래

정
그리운 마음은 늙지도 않아
멈추지 않은 세월이었건만
보금자리로 돌아오는
그때 그 얼굴

정
가는 세월 모르나 봐
왠지 늙지도 않아
오랜 기다림 속 가슴 깊이
묻어 두었던 잊어버린 이름 하나

어려운 환경 속에 꿈이 있기에
하루를……

2005. 7. 24

떠나시던 날

하늘이 깨어지던 날
큰 나무 잃고
사랑 주며 아껴주시던 할머님도 떠나시고
어느 날 자식만 믿고 사시던 어머님
하늘나라 가실 땐
그렇게 기대고 그늘이 되어 주시던 큰 나무
나에겐 큰 시련이었다

그러나 지금은 행복합니다
어려웠던 지난날들 시름 덜어 주고
찬 바람 막아 주는
내 곁에 당신이 있기에

그리고 저 초원과 같은 삶의 터전 있기에
꿈과 추억 먹으며 살 수 있고
그리웠던 옛꿈과 희망이 부풀어
하늘자락 매달리던 시간들이 그래도 아름다워

봄 하늘 아래 비춰진 그리운 당신
그림자 드리우는
아름다운 호숫가를
거닐 때
성난 파도 우릴 덮쳐도
환한 웃음으로 서로를 보지요

온몸에 추억이 슬슬 감기고
솜털 뭉게구름 위에 편히 계신 어머니
바라보시며
인자하신 웃음소리 지금도 들려.

2005. 9. 3

고향 길

자정 넘어
세월 많이 보낸
레토나와 한 몸 되어
몸이 저리도록
한적한 고속도로 밟고 지나
일어서는 가로수들 잠 깨운다

정적만 힘겨워 안고
밤샘 시린 내색 없이 달리는 레토나
피로에 쌓여 몸 가누기 힘든 마음
사선 넘나들며 애써 저리 모질게
별빛만 아름 안은 채
쉬어갈 만도 한데

산 너머 고향 누가 계시기에
저리도
목숨 건 사선을 넘나드는가
항상 그랬듯이
이것이 "마지막이다 생각하며"

타향에서
외로움으로 홀로 쏟는 눈물

별빛만 다가와 바라보고
차창 밖에 선잠 깬 바람 소리만 스치어 운다

한 발이라도 가까이 가고파 도로를 억지 당기며
외로운 노부모 품이 기다리는
언제 기약할 수 없는 부모의 운명 길
"저울로 달 수 없는 그리움이 뭉클 치오른다."

2005. 7. 23

삶 · 2

오늘도 하루가 지나갑니다
깊어 가는 밤 시간만 죽이고 있습니다
즐거움도 있고 슬픔도 있는

그리고
작은 다툼도 있었습니다
태 자리 고향을 찾아
은어는 2억 만리 바다에
태어난 고향 하천을
생사 넘나들며 죽음과 험로
처절한 삶이
한 가지 고향 애(愛) 남깁니다

어쩜 하루의 인생도 은어처럼
괴로움 묻어 버리는 무덤이 되었으면
하는 마음입니다

슬픈 괴로운 이야기들이
태양과 함께 떠오릅니다

또
남촌에 어둠이 오고
방마다 불이 밝혀질 때
모두들 편안한 평화 찾겠지요.

여름밤

6월의 마지막
보내는 시간입니다
뙤약볕 쏘이며 마당에 서성입니다

밤이면 산야에
메아리로 흘러내리는
뻐꾸기 울음소리

흉년에 임 하늘나라
보내 놓고 하도 보고파
넋이 되어
그리움에 지쳐
목이 쉬도록 이 밤 적시나 봐요.

2007. 6. 30

제 4 부

그대 있음에

못다 한 사랑 움켜쥔 사랑보다
나눌 수 있는 사랑으로 살겠습니다
이젠 세월의 빈 배 저을지라도
오직 그대가 있기에……

호수 공원

천 년의 난지도
뒤안길에서 뒤척이다
불어오는 산업화 혁명길

어느 날인가
내 이름이 붙게 되었다
미풍에도 흔들리는 내 얼굴

수많은 속앓이
마음속 아는지 모르는지
물새 떼 천연스레 얼굴 쫓고 노닌다

나들이객
허섭스레기 토해 내는
그래도 말없이 받아들이고

웃음 짓는 얼굴로
촛불 같은 모습 드리운다.

* 난지도 상암월드컵 경기장 내 호수 공원에서
* 청마 전국백일장 차상

2004. 7. 23

추억 · 2

외투 자락 입 가리며
약속 장소 나오던 그대
그래도 속앓이 하면서

마음의 그늘 감추려고
웃어 보인다

희미해진 추억
한때는 황홀했던 시절을
애써 맹인처럼 더듬어 보며
꽃피웠던 그 시간들 지우려 한다

사랑을 화산처럼 불태우던
그 시절
초점 없이 쏘아보는 눈동자에는
쌩 흙 파고 올라온 새싹뿌리 같은
그리움들이

잠긴 목구멍을 애써 빠져나오는
둔한 소리가
추억으로 새어 나온다

저승사자 닮은 그림자처럼
헤어진 그 시절이
용광로 눈 녹듯 녹아들어
눈 감아도 회색으로 지워진다
이 시간에…….

도마

—방장산

한 아름
깊은 청산에 미끈한 얼굴로
군림하던 세월이 어제인데

오늘은 등뼈가 깎이도록 무서운 공포 속에

뱃가죽 위에 다른 모형 준비하기 위해
펄펄 뛰는 생선들이 마음 조이며
곁눈질로 보고 있다

향기로운 모습으로 살려던 어린 날
꿈들의 추억이 보이고
찍혀 나간 살점들 오늘도 뼛속 깊이 박혀
매운탕 마늘 냄새에 취해

허기진 몸이지만 때로는 깊은 잠에 빠진다

눈 뜨면 새벽부터
시퍼런 칼날 상처 난 마음
미식가의 아름다운 문화 만들고

몸속 깊이 박혀 있는 칼집은
또 다른 식탁 위 메뉴로 다른 세상을
바라볼 수밖에
그대 아픈 도마 상처를 아무도 만져주지 않아.

정년 앞두고

검은 머리
하얀 머리 된 세월아!
긴 터널 속……
마지막 다리에서
왠지 저 세상 마당엔
두려움만이 마음 밖에 맴돌고

다시 돌아설 수 없었던 다리였건만
뒤돌아보며 들어선 터널
엊그제 일인 듯 했었는데
까만 머리 휘날리며 헤집던 일들

고뇌에 찬 일 속에 묻혀 있어도
나비처럼 행복 찾던 지난날들
하루하루 손에 익은 일들이

마지막 처마 밑에
숙명처럼 다가오는 세상 바라볼 때

적응해야 한다는 또 다른 삶터
그렇게 가고파 갈망하던 세상이었건만

후회 없는 삶 걸어온 어제 오늘인데
종지부 터널에는 서리 내린 백발만
성글성글 나부끼고 있다.

* 33년 정년퇴임 앞두고

2003. 12. 30

공원에 앉아 있는 삶

—노숙자

욕심 버리고
손 하나 펼치면 잡을 수 있는 손인데
뒤에 감춘 손 꼭 쥐고 있는
부끄러운 모습이다

한 치 앞 모르며 벤치에 앉아 있는 인생
누굴 원망하리

비우면 채워지는 마음이려니 하여도
세월 앞에 서면
텅 빈 가슴으로 쓸어안는 인생 되고
낙엽 따라 무지갯빛 젊은 날에도

함께하련만 공원 바닥에
세월없이 쌓이는 갈바람 잎
흩어지고 모아지면 잠을 설칩니다

볼 수 없는 곳에서 잘 보이는 것처럼
살아가는 마음
생각밖엔 또 다른 희망이 있을 텐데
닿을 수 없는 거리인데도 마음은 닿아 있고

뒹구는 갈잎
오늘도 바라봐 공원에서ㅡ.

그대 있음에

하루가 시작됩니다
나의 일상이 그대와 함께 시작됩니다
그렇게 희망 없고 어둡던 시간들
질퍽이던 나의 삶
밝은 빛 발견하게 되는 것은
오직 그대가 있기에

때로는 기쁘고 즐거웠던 마음
거칠고 고달픈 삶
힘들고 지친 하루 나의 손에는
거친 세월의 등뼈가 박혀 있습니다
쓰러질 경우라도 치유될 수 있는 것은
오직 그대가 있기에

하루해가 저물어도
형용할 수 없는
고운 석양과
고운 그대 숨결 느낄 수 있어
이제 소박한 꿈 가지고

미래를 설계할 수 있는 것도
오직 그대가 있기에

내 마음 사랑하고 행복한 꽃길 돼
못다 한 사랑 움켜쥔 사랑보다
나눌 수 있는 사랑으로 살겠습니다
이젠 세월의 빈 배 저을지라도
오직 그대가 있기에…….

설산 아래

신이 내린 마지막 자연
숨쉬는 땅 *파이네

만년 설산 아래
태고 때 흐르던 물
심장 고동 소리까지 들리는
고요한 푸른 언덕 아래
산사슴 뛰놀고 양 떼 노니는
사랑이 머물며 숨쉬는 곳

뼛속까지
파고드는 차가운 빙하수
말없이 폭포처럼 물줄기 튀고
손 적시면 시린 마음
그대 마음 붙잡게 하리

빙하수 설산이 내려다 뵈는 초원 위에
한가로이 자연의 손길마저
어울려 달려오니

아~
원초적 시린 마음
그리운 그대에게 드리고 싶소.

* 파이네 : 칠레 국립공원

2005. 5. 1

그리움

저만치 피어 있는 *약산 진달래
나를 부르는 봄날
정겹게 따라다니는 무언가 아쉬운 게 있어
훨훨 털어 버리고 싶은 그리운 정은
언제나 내 곁에

그림자 베어 버린 것 같아
또 그곳에 정은 남고

꽃잎 향기 가득한 곳 가니
끈끈한 정 앞서서 걷고
먼저 핀 꽃잎 간 곳이 없어

느지막이 피어난 철쭉꽃 반기니
그리 싫지 않아
세월 따라 가 버린 꽃잎에게
들려주고 싶은 이야기 있건만
서둘러 가 버린 꽃잎이야
되돌아오는 임의 모습처럼 가슴 여미는

그리움에 소리 없이 우는
꽃잎들의 울음소리
새봄 가는 그리운 정 아쉬워
아지랑이 달려와 일깨우지만
떨어지는
꽃잎은 안녕이라 아지랑이 손 잡는다.

* 약산 : 창원 천주산

2004. 4. 30

낙화
–진해 벚꽃 길

눈보라처럼 휘날리는
낙화거리 걸으며
옛 진해 벚꽃 터널 길 생각합니다

한걸음 한걸음에 옛 추억이
묻어나고 있습니다
그리운 꽃 향기 꽃잎 따라
밤새우던 일이 많았던
추억 길
지금은 생각 속에 돋아납니다

살갗 파고드는
차가운 바람인데도
굳게 이기고
해맑게 웃는 꽃잎들

꽃 터널
눈보라처럼 휘날리는

아쉬운 모습이지만
신작로 위에 쌓여만 갑니다

낙화 아픈 상처 밟으며
젖은 꽃잎 위 걷고 있습니다.

민들레 초상

혹독한 서릿발 아래
등 시린 바람 소리 어루만지며
길가에 뒹굴며 어두움이
무서워 헤매어 봐도
돌멩이 그림자처럼
봐 주지 않는 가냘픈 사랑이
머무는 곳

계절도 잊어버린 국화처럼
추상화 같은 노란 그 얼굴

서럽게 슬픔과 함께한 세월
천만 번 밟혀도 내색 없이
견디어 온 인동초 같은 그대 모습

싱그러운 봄날 찾아 하늘 더듬어 보려고
살며시 고개 들어
운무 속 올려 보는 그 얼굴

새 아침 영롱한 햇살 한 줌 받아
어미 마음 같은 보드라운 손길로
한 줄기 희망 되어 굵어져 가는 내 영혼이
수줍어 피는 일편단심 그대의 한(恨)인가.

* 길가 민들레 천만 번 밟혀도 꽃은 핀다

2002. 3. 15

삶

살아 있다는 것이
참고 견디기 힘들어도
저 삭풍 가지에 매달려 있는
마지막 잎새보다 낫지 않느냐

당신 얼굴처럼 비춰 주는 호숫가 밑
찬 이슬 내리는 어느 하늘 아래
어려운 삶 참아 가며

밤 하얗게 새운 일 밥 먹듯
전쟁 아닌 삶 속에서
찬 이슬 걷어차며 걸어가는 발길이
저……
겨울 준비하며
슬피 우는 귀뚜라미 소리보다
낫지 않느냐

이 허공
어두운 밤 지나면 뭣이 올고

원수 같은 졸음 속 혼미한 정신
어둠 먹으며 창공을 날으는 길 잃은 듯
슬피 우는 기러기 소리보다
낫지 않느냐

나에겐 밝은 새 아침이 오면
좋은 햇살이 오면
돌아가 누워 꿈꿀 수 있는 보금자리가 있다.

2006. 9. 9

아름다운 사랑

보았노니
지나치는 아름다운 그 사랑 보았노니
어스름한 새벽 공기 가르며 달리는 자동차 사이로
아스팔트 아직 잠에서 깨지 않은 듯
버석버석 선잠 깨고 있다

달리는 차창 밖 밀려오는 풀향과 세찬 고독 흘러가고
저편 신호 기다리는 흰머리 노부부
50년대쯤 만들어진 자전거에 몸 의지하며
가느다란 끈 하나 묶어
손으로 빚어 만든 듯한 세발손 리어카에
몸 가눔 못하는 할멈 싣고 백발 된 할범이
혼신 다해 페달을 밟으며 신호등 당기며 건너고 있다
급히 병원으로 가는 모습
저렇게 힘겨워도 밤샘 할멈 생각에
그리움만 쌓였을 게다
노부부의 아름다운
사랑이 얼마나 많이 실려 있을까

보느니 마음 찡하다
저 가늘고 질긴 끈 바람 자락 매어 놓고
이어지는 질긴 사랑
힘겨워 창백한 얼굴임에도
기력 다해 페달 밟는 왜소한 모습이
이 순간에도 행복하리
살아만 다오
흰머리 날리는 사랑의 절규! 보여-.

2005. 10. 13

하얀 눈

황궁의 문 열고
백설 공주 되어
그리운 황궁 뒤돌아보며
쓰린 마음 안고 천사의 날갯짓으로

하늘 품에 안고 부푼 마음인데
모두 하얀 눈으로 날린다
첫눈은 이렇게
시적 언어 토해 내는 피보다 진하다

환희 속
언제 녹아 죽을지 모르는 운명인데
백조처럼 자태를 자아내는
지금이
마지막 내 영혼이다.

제 5 부

지나간 시간

이것이 삶의 길이라면
내 영혼 쓰다듬는 연꽃처럼
비췻빛 되어
그리움으로 남으리라

황계폭포(黃溪瀑布)

한 발 내디디면
한여름에도 등짝이 오싹한 계곡
청정한 맑은 물이 그렇게 고즈넉하게
때묻지 않은 채 숨쉬고 있구나

무명실 한 타래 올려 맨 것처럼
한 줄기 광폭 같은 줄기
죽을지언정
굉음 내며 쏟아지는 폭포수

천 년 두고 부딪치고
깨어지는 너의 멍든 아픔이
나에겐 시원한 한 줄기 기쁨이다

멍든 파란 너의 아픔에
무지갯빛 감싸고
몸 적시니
옛 선님의 풍류가 물씬 묻어온다

세월 이야기하듯
정자엔
빛바랜 현판들이 지금도 말없이
황계를 지키고 있구나.

2005. 8. 5

추수

풍성스런 알곡들 거둬들이는
가을
시집살이하던 며느리 남몰래
쏟아 붓는 눈물처럼 일 년을
인고의 아픔 참고 일궈 온 땀방울
창고에
보석처럼 쌓이고

땅이 꺼지도록 한숨과
거친 숨결마저 오르내리는
아름아름 꽃길 속에 쌓인 땀방울 닮아
구슬같이 단단히 익은
드넓은 들녘
보이는 이의 미소 풍요스럽고 아름다운 뒤안길에는

허수아저씨 속이 탄 한 철
까맣게 탄 가슴 보이지 않으려
허름한 밀짚모자 붙잡고
바람결에 돌아서서

들녘 저편에
내년을 기약하며 안녕이라 힘없는 손
저어-.

* 흘린 땀만큼 소득 없는 농촌현실에 한숨 땅 꺼져

2007. 11. 6

천지 · 2

2,744미터
하늘 아래 솟아오르는 청정수 신이 내린 순박한 샘!
맑다 못해 검푸른 꽃의 눈빛 옥 구슬처럼 굴러
신 닮은 얼굴
보는 순간 환희와 감격 오르고
보잘것없이 스스로 작아 보이는 내 마음

영산이여!
온 마음 정성으로 소망했건만
사정없이 몰아치는 운무 바람결
본모습
드러내지 않네요

당신 앞에선 신선도 저만치 물러앉고
산신령 조아리는 청정 거울 앞에
운무에 가려져
속셈 알 길 없어 애태운 마음

시린 세월 안아 주는 천지여!
모든 이 마음 한 폭에 모아 묶는 마법사
기염 토하며
광목필 펼친 듯 쏟는 천지폭포

그 굉음 천지를 호령하고
억만년 두고 마시며
내놓을 줄 모르는 탐식가 소금강
당신의 몸 온천 샘물로
미묘하게 둘러싸인 천지여!
오늘도 당신의 모습 보고파 머리 숙여 기다리뇨.

1990. 8. 백두산 기행

장대비

어둡던 간밤에
하늘 무너지는 소리 쉴 새 없이
저 멀리 들려오고
천지 가르는 불빛이
어둠 일깨우며
억센 힘으로
출발선 긋고 떠나온 지 여러 시간

고달픈 몸 꿈속에 빠지는데
급히 창문 두들기는 소리
성급한 막내둥이
발자국처럼 들린다

무거운 몸 일으켜 창문을 열어 보니
밤샘 지친 몸으로 달려온 장대비
태풍 같은 센 비바람이 온다고
바쁜 숨결 걸어 먹고 있다

긴 여행길 노독에 지쳐 있어도
오랜만에 할 일 했다는 듯
미소 짓는 얼굴로
목타게 기다리는
화초밭엔 소리 없이 촉촉 스며든다.

2005. 10. 17

정년퇴임

정년퇴임!
마지막 징검다리 개월 보면서
그 많은 시간 생사 넘나들었지
흘러온 일들 생각하면
이제 또다시
내 몸 밖 어디로 살아 나갈지 모르겠네

바빠 살아왔던 지난 시간
그 동안 창살 없는 속에 익숙했던 마음
죄인이 감옥 나가는 마음처럼
벗어나려는 인간 욕망처럼
기 쓰고 견디어 온 세월입니다

환자가 깁스 풀고 병원 나오는 날
자유스러운 활개가 아니라
유난히도 통증 힘드는 이유이다

그 시간 공간에서 익숙했던 일들
이제는 내 마음과 함께 허공에 헤매이겠지

하지만 현실 속엔 장애물로만 탄생하겠지요

항로를 출발하는 긴장된 선장 같은 마음이라서
넓은 세상에 수많은 암초들과 부딪치는
위험천만한 새로운 출발이라
이것이 숙명이라면 가야 하는 돛단배이겠지

33년 긴 터널 뒤로하고
비켜 갈 수 없는 장마루
그래도 뒤돌아보지 않으리
후회 없는 세월이었기에…….

2004. 11. 11

단풍

가을에는
선홍 나뭇잎 하나가
마음 사로잡습니다

황홀한 가을
붉은 노을이
아름답고
소중한 추억 만듭니다

어설피 부는 바람 앞에
옷깃 스미고
추위 예감하듯
실망스런
차가운 바람만 붑니다

약속이나 하듯
자연의 섭리 앞에 순응이나 하듯
흐드러진 가랑잎
따뜻한 햇살만 그리워하면서

초라해진 슬픔 바위
사이사이로 외로움만 남기고
실직된 가장처럼 돌아눕는
허한 마음만 쓸쓸히 담아
떠나갑니다

항의할 곳 없는
아픈 가슴
앙상해지는 나목만 바라보며
묵묵히
새봄에 싹 틔울 밀알에 보탬 되리.

2007. 10. 18

지나간 시간
-자가용

자리 내주며
핸들 잡게 하는
온몸에 흰구름 두른 듯
맑은 하늘 아래
향기에 취한 내 영혼은
그대의 손길 따라

정신없이
어설피 지나온 흔적들
별이 빛나도록
애절하게 일어서는 그리움
그대 가슴 깊게
파고드는 따스한 눈빛

이것이
삶의 길이라면
내 영혼 쓰다듬는 연꽃처럼
비췻빛 되어
그리움으로 남으리라.

다낭에 가면

막힌 가슴이 뻥 뚫리는 수평선
체증까지 썰매처럼 쑥 내려가는 해수욕장
아련히 황소처럼 밀려오는 파도

끝없이 펼쳐져 있는 은모래 백사장
별빛 쏟아져 함께 우는 파도 소리
무섭게 개발되는
다낭 잠재력이 화산처럼 솟고 있다

수평선 너머 용궁에서 밀려오는
보석처럼 밀려오는 물보라 자욱한
해변

하늘이 내린
천년의 보고인가
다시 찾을 수 있는 그리움
동트는 새벽
백사장 위에 셀 수 없이 부서지는 하얀 거품 파도들
오늘도 내 마음엔 끝없이 이어져 남아 있다.

기러기

가을－
그리운 고향
봄비처럼 찾아오는
청잣빛 물든 파아란
하늘 아래
끝없이 공활한데
어제 시옷자행은 선생님 가르침
오늘 한일자행은 훈장님 가르침

머얼리 여행길 떠나
출렁이는 망망대해
푸른 잔디밭 같은 길 밟으며
수평선 넘어

높이 안테나 치켜세우고
나경 바라보며
수장은 힘겨운
삶의 길 헤쳐 간다
새벽 공기 안고 밀려오는

끼룩끼룩 힘찬 합창단
오케스트라
공허함과 노독 달래는
위안의 멜로디!

반기는 이 없어도
기약 없이 망망창공을 가르고
십오야 그림자 그리며
다시 찾는 고향의 여정이여!

당신의 삶터

휴식처 같은 당신 보금자리에
들어서면
싱그러운 푸른빛 깔리는 바다 보이고
티 없이 포근한 일터에
시원함까지 감싸는 넉넉함

분홍색
꾸러미 손때 묻은 길쌈 바구니에는
어제 지친 몸인데도
그리움이 담아 있습니다

풍요로운 하루아침 여는
당신 발자국
즐거운 곡조처럼 들립니다

가슴까지 시원한 골목바람
창문 열면
음률처럼 움직이는 당신 손길

음악이 흐르고 시가 흐릅니다

이슬 젖은 해바라기처럼
미소 짓는 얼굴
마음으로 보는 당신 얼굴이지만
따끈한 한 줄기 빛과 같아

장미처럼 고운 모습에
살포시 내려앉은 어깨에
정겹고 행복했던 시간들이 모여
함께하는 당신의 삶터인가 봅니다.

부모님

못난이
관심 없는 나무들이 산을 지키듯
다들 최고가 되기 위해
모두가 영웅이 되려고
얼마나 삶에 발버둥이냐
허상에 속고 생활에 짓눌리는
그래도 최상인 양 얼굴 내는데
죄다 떠난 빈자리 부모님이 살고 있는 고향

늙으신 부모님 세 발에 의지하고
산소리 뜬구름만이 이어져 오는 천년의 고향

고개 넘으면 외갓집이 있고
가는 길엔 소나무들 빽빽이 들어서 있었지
밝은 밤에도 이곳 지날 때는
왜!
이다지도 무서웠는지 서낭당에 절도했지
지금 생각하면 나 보고 놀라 달아난 산새들

마음 놀라 가슴 조이며 까맣게 탔던 일들
세월 싣고 달려가는 마차에 추억을 보낸다

기력 없는 부모님
나의 삶에 정신적 지주가 되어 주시고 보이지 않은
따뜻한 힘으로 호되게 질책하는 사랑 기둥 되어

오늘도 뒷산에 말없이 서 있는 바람막이 나무와 텃새
힘없는 부모님 어울려 고향 지킵니다.

2006. 5. 8

낙엽 · 3

이른 새벽
창공을 소리 없이 날으는 자태
무수한 궁상들
『젊은 베르테르의 슬픔』 안고
이별도 모르는 체
추억 저편으로 저리도 바쁠까

떠날 준비 이른 봄부터
했나 보다
연초록 고운 얼굴 진녹색 고운 저고리
곱게 물들었던 색동저고리 바꿔 입더니만

바위 등선 밟으면 산하로
아픔 안은 채 바람 따라 유수처럼

운무 휘감는 내원사 뒤편
고요한 풍경 소리도
목이 타듯 붉게 물든 홍화계곡으로
물소리 따라

새봄이 오면 다시 만나는
자연의 순리 안고
영혼 따라 말없이 떠나나 보다

줄기와 뿌리는 그렇게 아쉬워하는데-.

백사장
–해운대

아름답고 환상적인 푸른 그 얼굴
잔잔히 부서지고
내 얼굴에 금모래 깔리는 그리운 동백섬

셀 수 없이
거친 손짓으로 물결은 내 얼굴 만지며
수시로 성난 몸짓으로 덤볐지
한때는 거짓말 같은 잔잔한 파란 아기의 불로
평화롭게 매달려

너의 성난 얼굴 성깔 바꿔도
외롭고 슬픔에 잠길 때도
사랑스러운 몸짓으로 반겼지

그렇게 아름다웠던 얼굴에
여름이 짓밟고 지나간 뒤 폐허처럼 상처 난 피부
흘러간 시간 속에

모래탑에 새겨 놓은 사랑노래
파도는 아쉬운 듯 지우고

활처럼 누워 있는 얼굴 밟고 거닐던 연인들
은파에 숨겨진 비밀들……
몰래 통정하다 들킨 불륜도
애인처럼 은근히 다가오는 유혹도
자연스레 묻어 두는 바다 마음

사연 많은 너의 모습 그래도 보느니
늘 평화스럽다.

2005. 8. 20

길

어린 시절
동네 앞쪽 길은
한일자로 되어 있는 줄만 알았다
한쪽으로만 가면 끝이 보이는 줄 알았다

한 이십 대쯤 되어서 깨닫게 되었다
길 위에 이국적인 사랑도 있었고
이승과 저승의 갈림길도 있었고

못다 핀 사랑의 아픔도 있었다
그 길엔 노벨상 받는 길도
사형장 가는 길도 있다는 것

길 모퉁이 저편에는 무슨 길이 또 있을까

모두 함께한다는 길이
내 마음의 길인가 한다.

봄

삶의 생계로
일구는 다랑논 다랑밭
일손이 아니면 일굴 수 없는 천수답
힘든 세월 짊어지고 온 세월들

새싹에 힘 얻어
농부의 봄은 구슬땀으로부터 비벼 봅니다
주는 것만큼 얻는다는
땅의 진리 먹고 사는 농부의 진리입니다

순박한 흙의 아버지
언제나
농부는 황소걸음으로 갑니다
봄을 캐고 봄을 안고 일구는
농부 어깨에
또 다른 봄은 익어 갑니다

꽃 속에 봄은
질긴 목줄 이어 주는 봄기운 향기는
농부의 마음 환하게 만듭니다.

■ 작품 해설

시의 기척은 배길 수 없네

권 오 운

〈시인 · 중앙대 문창과 겸임교수 역임〉

'시란 무엇인가' 로부터 출발하여 '시란 어떤 모양새를 갖추고 있으며 우리 삶에 어떻게 기능하는가' 에 이르기까지 시의 본질과 구조에 관한 다양한 논의는 시가 있어 온 이래 그 어떤 해설과 주장도 흔쾌하게 받아들여진 경우는 그리 많지 않았다고, 시인이자 비평가였던 정한모(鄭漢模-1923~1991)는 자신의 시론집 〈현대시론(1973)〉에서, '시의 본질은 오류의 역사' 에 다름 아니라고 두덜거리면서 극단적 무용론으로까지 확산시켜 문단 일각에 호된 지진파를 일으키기도 했다.

1

시의 정의가 옳던 그르던 (마뜩잖든) 또는 다음 시편에서 보이는 평이하고도 심드렁한 진술에서 드러나는 보편성이야말로 참으로 놀라울 따름이다. 그것은 순전히 어휘의 반죽기술에서 오는 것이 아닌가 어림잡아 본다.

예컨대 쌀개 부러진 디딜방아는 세상없어도 찧고 빻는 본연의 일과는 거리가 멀어도 한참 멀어 보인다. 그러나 놀라운 고방규 시인의 익살은 그 '부러진' 말을 일으켜 세워서 좌충우돌 돌아가게 하고 있다.

> 영롱한 햇살 한 아름 안은 채
> 어미 마음 부드러운 손길로
> 은빛 감로수 한 줌 먹으며
> 나의 한(恨)
> 꽃피워 오르고
> 이제는
> 조용히 속살을 드러낸다.
>
> —〈민들레〉 부분

사람이든 자연이든 숨김없이 속내를 드러내기는 쉽지 않다. 그런데 놀랍게도 '속내' 도 아닌 '속살' 이라니……어이가 없을 지경이다.

2

고방규 시인은 그의 〈시인의 말〉에다 다음과 같이 털어 놓은 적이 있다.

〈물처럼 맑은 시심을 담을 그릇 하나하나 준비한 것도 고향을 떠난 지 어언 반평생이 지났다〉

'물처럼 맑은 시심'과 '시심을 담을 그릇'이 눈길을 끈다. 본디 시심은 그냥 아무데다 내까려 두어도 항상 맑은데 시인은 그 맑은 시심을 지금껏 우그려뜨린 적이 없다. 그러기엔 그의 반평생이 턱없어 보이기 때문이다.

> 일손이 아니면 일굴 수 없는 천수답
> 힘든 세월 짊어지고 온 세월들
>
> —〈봄〉 부분

고방규 시인의 시는 밭을 갈고 논을 풀어 씨 뿌리고 김매고 추수하는 전형적인 농사가 아니다. 철저하게 화전민이 생땅을 일구어 비로소 천수답이거나 다랑논 따위의 척박함으로 점철되어 있다. 고방규 시인은 이런 과정을 통해 자연의 이치나 인간의 보편적 삶의 양식을 깨우쳐 가고 있다. 그래서 그의 역작 〈봄〉이 태어났다.

깨우침이 돋보이는 시다. '힘든 세월 짊어지고 온 세월'이 고단한 신음 소리를 토해 내고 있는 모양이 보이는 듯하다.

3

'요즘 시는 어려워서 도대체 무슨 뜻인지 모르겠다'는 사람이 많다. 이런 사람들은 시를 잘못 인식하고 있기 때문이다. 결론부터 이르면 그 어떤 시도 결코 쉽지도 어렵지도 않다는 것이다.

말하기 좋아하는 사람들은 '시는 세 부류로 나눌 수가 있다고 목소리를 높인다. 손으로 쓴 시-머리로 쓴 시-가슴으로 쓴 시가 그것이란다. 그럴싸하기는 해도 개운하지는 않다. 시가 어디 무 자르듯 날려 버려도 되는 걸까.

> 버리고 가야 하는 삶인데
> 짊어지고 가는 삶
> 잊어야 한다며
> 잊지 못하는 삶
>
> —〈당신이 물 위에 뜨면〉 부분

> 이것이
> 삶의 길이라면
> 내 영혼을 쓰다듬는 연꽃처럼
> 그리움으로 남으리라
>
> —〈지나간 시간〉 부분

시는 이해하거나 해석(설명)해야 하는 대상이 아니다. 가령 앞의 두 편의 핵심을 일러 '삶을 어떻게 짊어지느냐'와 '영혼을 어떻게 쓰다듬느냐' 고 대드는 꼴과 같기 때문이다.

4

묘사가 옹글면 시에서 요령소리가 난다고 묘사의 중요성을 역설한 시인이 있었다. 시뿐만이 아니라 모든 문학적 언사(예술분야 전반)는 구체적이고 살아 숨쉬는 정밀(精密)을 요구 받는다. 그도 그럴 것이 섣부른 묘사는 시의 본질을 허물어 버리고 요령소리는커녕 메마른 일상의 굉음만이 횡행한다.

억센 파도 때 없이 찾아와
억센 힘으로 때리고 혼난
섬어머니처럼

―〈섬〉 부분

몸
체온
그대 체온처럼 내게 남기고 간

잔인한 사랑
　　　　　　　　　　　―〈두고 온 그리움〉 부분

깊은 청산에
미끈한 얼굴로
군림하던 세월
　　　　　　　　　　　―〈도마〉 부분

파도는 늘 '때 없이' 찾아오고, 때리고 혼이 난다. 그런데 놀랍게도 섬어머니처럼 '억세다'. 즉 억센 파도는 섬어머니한테 혼이 나게 얻어맞는데, 이렇게 혼이 나도록 얻어맞은 대상은 파도이고 곧 '나'가 된다.

'두고 온 그리움'의 '체온처럼 잔인한 사랑'과 '청산에 군림하던 세월'마저 비린내 나는 몸뚱어리가 되어 물구나무를 서서 무한청공을 헤엄치듯 지나간다.

시인 고방규가 한결같이 고자질해 온 대상도 실은 '우리 자신'임을 숨기지 않는다. 그것이 잘 보인다.

우리 곁에는 걸출한 한 시인이 오늘도 시를 찾으려고 긴 장대로 넉다듬이를 하고 있다. 그가 바로 시인 고방규이다.

고방규 시집
당신이 물 위에 뜨면

초판 인쇄 2020 년 12 월 18 일
초판 발행 2020 년 12 월 25 일

지은이 | 고방규
펴낸이 | 김효열
편　집 | 이미정

펴낸곳 | **을지출판공사**

등록번호 | 1985 년 2 월 14 일 제 2-741 호
주　　소 | 서울시 마포구 양화진길41, 603호
우편번호 | 04083
대표전화 | 02) 334-4050
팩시밀리 | 02) 334-4010
전자우편 | ejp4050@hanmail.net

값 15,000원

ISBN 978-89-7566-194-5 03810